I0155041

LE BAISER,

OU

LA BONNE FÉE,

COMÉDIE

EN TROIS ACTES ET EN VERS,

MÊLÉE DE MUSIQUE.

Représentée pour la premiere fois par les Comédiens Italiens ordinaires du Roi, le Lundi 26 Novembre 1781.

NOUVELLE ÉDITION.

Par Clarus de

❦

A PARIS,

Chez BRUNET, Libraire, rue Mauconseil, à côté de la Comédie Italienne.

Yth
1628

M. DCC. LXXXII.

PERSONNAGES.

AZURINE, *mere d'Alamir.*	Mlle Lefcaut.
ALAMIR, *amant de Zélie.*	M. Michut.
ZÉLIE, *Princeſſe élevée par Azurine.*	Mme Trial.
PHANOR, *Magicien.*	M. Mefnier.
BIRÊNE, *Fée.*	Mme Gontier.
UN ESCLAVE *d'Azurine.*	M. Murjeon.

Suite d'Azurine, Prêtreſſes, Soldats de Phanor, Efclaves.

La Scene eſt, aux deux premiers Actes, dans le Palais d'Azurine ; au troiſieme, dans les États de Phanor.

LE BAISER,

OU

LA BONNE FÉE,

COMÉDIE.

ACTE PREMIER.

SCENE PREMIERE.

ALAMIR, ZÉLIE.

ALAMIR.

ARIETTE.

JE t'en conjure, ma Zélie,
Ne me cache plus ta douleur :
Hélas ! dans mon ame attendrie
Craindrais-tu d'épancher ton cœur ?
Sois bien sûre, ma tendre amie,
Que l'amour saura te calmer,
Et que les peines de la vie
Font mieux sentir le bonheur de s'aimer.

A ij

Pourquoi me dérober tes larmes ?
Je dois tout partager, jusqu'au moindre soupir ;
Ne suis-je plus cet Alamir
A qui tu confiais tes plaisirs, tes alarmes ?
Tu ne m'aimes donc plus ?

ZÉLIE.

Ah ! je n'aime que toi ;
Mais je crains...

ALAMIR.

Que crains-tu ?

ZÉLIE.

Mon ami, laisse-moi.
C'est peut-être en vain que je tremble :
A quoi bon te donner des chagrins superflus ?

ALAMIR.

Et comptez-vous pour rien de s'affliger ensemble ?

ZÉLIE.

Eh bien, je ne résiste plus :
J'avais pourtant promis de garder le silence ;
Mais il faut toujours t'obéir ;
Avec toi l'on ne peut tenir
Que les sermens d'amour & de constance.
Tu sais que depuis notre enfance,
Destinés à nous voir époux,
Nos premiers sentimens, nos plaisirs les plus doux
Furent l'amour & l'espérance.

ALAMIR.

Qui pourrait troubler les beaux jours

Que notre heureux fort nous deſtine ?
Nous dépendons de ma mere Azurine ;
Elle a vu naître nos amours ;
Elle veut nous unir.

ZÉLIE.

Oui, ſa bonté touchante
Ne s'occupe de rien que de notre bonheur ;
Mais tu connais ce cruel enchanteur,
Dont le nom ſeul inſpire l'épouvante,
Phanor ?

ALAMIR.

Eh bien ?

ZÉLIE.

Il demande ma main.
Ta mere, de frayeur ſaiſie,
A voulu lui répondre envain
Qu'à toi l'Amour m'avoit unie :
Hélas ! rien n'a pu le fléchir.
N'importe, a-t-il repris, Zélie eſt honorée
De ma recherche ; elle doit obéir :
Dans deux jours je viendrai finir cet hyménée.
Il eſt parti.

ALAMIR.

Demain ſera donc la journée
Où je n'aurai plus qu'à mourir.

ZÉLIE.

Calme toi, mon ami, notre mere eſt allée
Conſulter ſur notre deſtin
Cette vieille & ſavante Fée

Dont l'oracle eſt toujours certain :
Attendons ſon retour ; cet oracle infailliblo
Raſſurera ton ame trop ſenſible.

D U O.

A L A M I R.

Je n'en croirai que ton cœur,
Sur le deſtin de ma vie.

Z É L I E.

Ne doute pas de mon cœur,
Il eſt à toi pour la vie.

A L A M I R.

Eſt-il à moi ?

Z É L I E.

Il eſt à toi,
Il eſt à toi pour la vie.

A L A M I R.

T'adorer fait mon bonheur.

Z É L I E.

Te plaire ma ſeule envie.

A L A M I R.

Phanor ne peut rien contre moi,
Si tu penſes toujours de même.

Z É L I E.

Toujours t'aimer voilà ma loi,
Mon plaiſir & mon bien ſuprême.

A L A M I R.

Phanor ne peut rien contre moi.

ZÉLIE.

Je t'aimerai toute ma vie ;
Mais hélas !...

ALAMIR.

Quelle est ta frayeur ?

ZÉLIE.

Je crains le pouvoir du Génie.

ALAMIR.

Je n'en croirai que ton cœur,
Sur le destin de ma vie.

SCENE II.

ZÉLIE, ALAMIR, AZURINE ; *suite d'Azurine.*

ZÉLIE.

C'est vous, ma mere : ah ! nous brûlons d'apprendre
Quel est le sort qui nous attend :
Pardonnez ; il sait tout, je n'ai pu m'en défendre.

AZURINE.

Je me doutais, ma chere enfant,
Que vous ne seriez pas discrette ;
Mais rassurez-vous cependant,
Votre félicité parfaite
Ne dépend plus que d'un serment,
Que vous ferez à votre mere.

ALAMIR.

Un serment ! quel est-il ?

ZÉLIE.

Hélas! il me semblait
Que mon cœur avait déja fait
Tous les sermens que l'on peut faire.

AZURINE.

J'ai traversé la paisible forêt
Qu'habite la sage Birène;
Je m'attendais à voir dans un antre secret
Une effrayante Magicienne,
Au front pâle & ridé, aux yeux étincelans,
Et dont le cœur endurci par le tems
Seroit peu touché de ma peine.
Que je connaissais mal celle que je cherchais!
Birène en me voyant auprès de moi s'empresse,
Me promet son appui, ses conseils, ses bienfaits,
M'exhorte à soulager la douleur qui me presse:
Je vois bientôt que rien ne doit m'intimider,
Et que de la triste vieillesse,
Birène n'a voulu garder
Que la douceur & la sagesse.

ALAMIR.

Eh bien?

AZURINE.

Je lui dis nos malheurs,
Je lui peins vos amours, mes chagrins, ma tendresse:
Mon seul récit la touche, l'intéresse;
En m'écoutant ses yeux se mouillent de ses pleurs:
« Tremblez, m'a-t-elle dit, je connais la puissance

» De ce cruel Phanor qui cause vos douleurs :
  » L'ingrat tient de moi sa science.
» Peut-être pourrons-nous prévenir ses desseins :
» Calmez-vous, je vais lire au livre des destins ».

ARIETTE.

Alors sa voix par les ans affoiblie
M'explique le sombre avenir,
De pleurs sa vue est obscurcie,
Votre destin la fait frémir ;
Elle gémit, elle s'écrie :
« Que je te plains, jeune Alamir !
» Un seul moment peut te ravir
» Celle qui regne sur ton ame :
» Allez, hâtez-vous de l'unir
» A l'aimable objet qui l'enfiamme.
» Mais qu'Alamir redoute son bonheur :
» Un seul baiser pris à Zélie
» Peut changer en jour de douleur
» Le jour le plus beau de sa vie ».

ALAMIR & ZÉLIE.

Un seul baiser ?

AZURINE.

Un seul baiser pris à Zélie
Peut changer en jour de douleur
Le jour le plus beau de sa vie.

ALAMIR.

Quoi ! le jour de notre hyménée
Un baiser nous perdrait tous deux ?

AZURINE.

Hélas ! l'Oracle est rigoureux ;

Je sais qu'un jour est une année,
Quand le soir on doit être heureux.

ALAMIR.

Mais vous savez aussi, ma mere,
Que le sens d'un Oracle est souvent un mystere,
On ne l'entend jamais bien clairement.

AZURINE.

Le vôtre est clair, mon fils, il dit expressément
Que le jour de votre hyménée
Un baiser pris à l'objet de vos vœux,
Avant la fin de la journée,
Ferait le malheur de tous deux.

ZÉLIE.

Ne dit-il pas aussi, ma mere,
Qu'avant tout il faut nous unir ?

AZURINE.

Oui, votre hymen est nécessaire;
Mais puis-je compter qu'Alamir
Observera la loi sévere
Que le Destin....

ALAMIR.

Recevez-en ma foi.

ZÉLIE.

D'ailleurs, maman, comptez sur moi,
Je vous réponds de tout.

ALAMIR.

Rien ne sera pénible,

Puisqu'il s'agit de mériter sa main :
Mais, ma mere, Phanor doit revenir demain,
S'il revenait ce soir, il serait impossible
De nous unir.

AZURINE.

Je le voudrais en vain ;
Que nous conseilles-tu, Zélie ?

ZÉLIE.

Moi, je m'en fie à vous, vous saurez tout prévoir ;
Je crois pourtant que le Génie
Pourrait bien arriver ce soir.

AZURINE.

Allons, mes enfans, je suis prête
A conclurre un hymen, objet de vos souhaits ;
Mais il nous faut du moins quelques apprêts,
Des fêtes.....

ALAMIR.

Non, ma mere, il ne faut point de Fête
Quand on est au jour du bonheur ;
Un mot suffit à notre cœur :
De quoi vous serviraient les flambeaux d'hyménée,
Pour nous unir tous deux d'un lien éternel ?
Ah ! pour tenir la foi que l'amour a donnée,
On n'a pas besoin d'un autel.

AZURINE.

Non, mon fils, c'est aux yeux de ma Cour réunie,
Que vous vous promettrez un amour immortel ;

Le jour le plus beau de la vie
Doit être le plus solemnel.

(*A sa suite*)

Préparez leur hymen, que ma Cour rassemblée
Soit dans ces lieux témoin de leurs sermens;
Et puissent-ils jouir dans ces heureux momens
D'une félicité qui ne soit point troublée !

ZÉLIE.

Ah! pour la mieux sentir, nos ames sont d'accord.

ALAMIR, *à sa mere très-vivement.*

Vous qui me connaissez, jugez de mon transport;
Heureux par vous, heureux par elle?
Toujours aimé, toujours fidelle,
Vous chérir, l'adorer & vivre pour vous deux,
Voilà mon sort, voilà mes vœux;
A l'amour comme à la tendresse
Je saurai donner tout mon cœur,
Entre vous deux, j'ignorerai sans cesse
Qui fait le plus pour mon bonheur,
De ma mere, ou de ma maîtresse.

SCENE III.

AZURINE, ZÉLIE, ALAMIR, *toute la Cour d'Azurine.*

De jeunes Prêtreſſes ont dreſſé un Autel & l'ont paré de guirlandes ; la Statue de l'Amour eſt ſur cet Autel, les Prêtreſſes lui offrent des fleurs.

AZURINE.

Voici l'Autel, mes chers enfans ;
Préparez-vous, je vais recevoir vos ſermens.
(*Azurine ſe met auprès de l'Autel, Alamir & Zélie ſont aux deux côtés, les Prêtreſſes commencent l'hymne à l'Amour*).

FINALE.

Hymne à l'Amour.

Dieu de la tendreſſe,
Daigne protéger deux cœurs
Qui de toi ſeul s'occuperont ſans ceſſe :
Tes faveurs
Sont le bien de la jeuneſſe ;
Tes ardeurs
Sont ſa plus belle richeſſe ;
Et tes erreurs
Conſolent encor la vieilleſſe.

ALAMIR, *la main ſur l'Autel.*

Je jure au Dieu d'amour,
Qui m'enflamme pour elle,

De l'aimer autant qu'elle eſt belle ;
De l'adorer juſqu'à mon dernier jour.

ZÉLIE, *la main ſur l'Autel.*

Je jure au Dieu dont mon cœur ſuit les loix,
De brûler pour lui ſeul de l'ardeur la plus pure :
Hélas ! quand je l'ai vu pour la premiere fois,
Mon cœur promit tout ce qu'il jure.

AZURINE.

Je vous unis, ſoyez heureux :
Que la chaîne qui vous engage
Vous rende encor plus amoureux ;
Sans l'amour, c'eſt un eſclavage ;
Avec l'amour, c'eſt le bonheur des Dieux.

TOUT LE MONDE.

Que l'hymen qui vous engage
De vos cœurs redouble les feux ;
Sans l'amour, ces doux nœuds
Seraient un eſclavage ;
Avec l'amour, c'eſt le bonheur des Dieux.

AZURINE.

Dans l'aveugle & tendre jeuneſſe,
L'on ne vit que pour les amours ;
Mais ſongez que votre tendreſſe
Doit embellir mes derniers jours.

TOUT LE MONDE.

Que l'hymen qui vous engage
De vos cœurs redouble les feux ;
Sans l'amour, ces doux nœuds
Seraient un eſclavage ;
Avec l'amour, c'eſt le bonheur des Dieux.

ALAMIR.

Ah ! ce bonheur eſt votre ouvrage,
Nous le ſentons plus vivement,
Et rien ne peut.....

SCENE IV.

AZURINE , ZÉLIE , ALAMIR, *toute la Cour*
d'Azurine , un ESCLAVE.

L'ESCLAVE.

PHANOR arrive en ce moment.

(*Il ſort*).

SCENE V.

ALAMIR , ZÉLIE , AZURINE, *ſuite d'Azurine.*

AZURINE.

O ciel ! ô ciel ! que faut-il faire
Pour ſauver ces tendres amans ?

ALAMIR & ZÉLIE.

Nous n'eſpérons qu'en vous , ma mere,
N'abandonnez pas vos enfans.

AZURINE.

Songez, ſongez à vos ſermens,
Et nous braverons ſa colere.
(*A ſa ſuite*).
Et vous , éloignez de ces lieux
Cet appareil trop ſuſpeſt à ſes yeux.

(L'on fait disparoître l'Autel).

Votre destin tient à votre prudence,
Dissimulez, je l'entends qui s'avance.

(L'on entend le bruit de la marche de Phanor, il paroît bientôt suivi de soldats, d'esclaves noirs, blancs, de toutes nations ; Phanor est superbement habillé, & doit avoir la taille & l'air farouche d'un magicien conquérant).

SCENE VI.

AZURINE, ALAMIR, ZÉLIE, PHANOR, *suite d'Azurine, Soldats & Esclaves de Phanor.*

PHANOR.

ARIETTE.

Voici le jour, belle Zélie,
Où l'amour va me rendre heureux ;
A votre sort je viens unir ma vie,
Et vous offrir mon Empire & mes vœux.
Soyez ma seule Souveraine,
Je mets à vos pieds ma grandeur ;
Songez qu'en régnant sur mon cœur,
Du monde entier vous êtes Reine :
Daignez-vous répondre à mes vœux ?

ZÉLIE.

Seigneur....

ALAMIR.

O ciel ! qu'allez-vous dire ?

ZÉLIE.

ZÉLIE.

Ma mere fait fi je defire
De partager votre fort glorieux.

ALAMIR, *bas à Zélie.*

Eh quoi ! vous trahiffez mes feux !

ZÉLIE, *bas à Alamir.*

Pour toi feul je crains fa colere.

PHANOR.

Guerriers & peuples de la terre ;
Soumis à mes commandemens ,
Chantez, célébrez dans vos chants
Le nom de celle qui m'eft chere.

ALAMIR, *à Zélie.*

Vous , gardez ainfi vos fermens !

AZURINE, *à Alamir.*

Mon cher fils retiens ta colere.

Les ESCLAVES DE PHANOR.

Célébrons dans nos chants
Cet hymen & ce jour profpere ;
Le vainqueur de la terre
Eft le plus heureux des Amants.

SUITE D'AZURINE, *à demi voix.*

Protégez ces enfans ,
Dieu de l'amour & du myftere ;
Joignez-vous à leur mere ,
Pour fauver ces tendres Amans.

PHANOR, *à Zélie.*

Régnez fur un peuple fidelle ;
Et fi le fort comble mes vœux ,

B

Votre empire doit être heureux;
Autant que l'Amour vous fit belle.

Les Esclaves de Phanor.

Célébrons dans nos chants
Cet hymen & ce jour prospere;
Le vainqueur de la terre
Est le plus heureux des Amants.

Phanor, *à Azurine.*

Venez, venez fixer les doux instans
Qui vont m'unir à celle qui m'est chere.

Alamir & Zélie.

Nous n'espérons qu'en vous, ma mere,
N'abandonnez pas vos enfans.

Azurine, *à part.*

Hélas! hélas! que faut-il faire
Pour sauver ces tendres Amans?

(Ils sortent tous).

Fin du premier Acte.

ACTE II.

SCENE PREMIERE.

ALAMIR, *seul.*

ARIETTE.

Non, je ne puis contenir ma fureur ;
Ingratte, perfide Zélie,
Phanor à més yeux vous supplie
D'écouter ses vœux, son ardeur,
Sans que votre courroux éclate !
Perfide, ingrate,
Vous souffrez que Phanor se flate
De pouvoir toucher votre cœur !
Non, je ne puis contenir ma fureur.

SCENE II.

ALAMIR, ZÉLIE.

ALAMIR.

DUO.

Eh bien, Zélie,
C'est ainsi que je suis aimé ?
ZÉLIE.
Qu'a fait Zélie ?
Et de quoi te vois-je alarmé ?

ALAMIR.

Vous écoutiez le génie ,
Vous ne penſiez plus à moi.

ZELIE.

Un coup-d'œil m'aurait trahie ;
Je ne tremblais que pour toi.

ALAMIR.

Ah ! votre prudence eſt extrême.

ZÉLIE.

Je ne tremblais que pour toi.

ALAMIR.

On n'eſt pas prudent quand on aime ,
Et l'on s'expoſe ſans effroi.

ZÉLIE.

Mais en expoſant ce qu'on aime ,
On expoſe bien plus que ſoi.

ALAMIR.

Non, non, Zélie ,
Vous ne penſiez plus à moi.

ZÉLIE.

Hélas ! Zélie
Ne frémiſſait que pour toi.

SCENE III.

ALAMIR, ZÉLIE, AZURINE.

AZURINE.

Courage, mes enfans, disputez-vous bien fort;
J'aime mieux vous voir en querelle,
Que si vous étiez trop d'accord.
Ma peine étoit déja mortelle
De vous savoir ensemble & loin de moi;
Alamir, dites-moi pourquoi
Vous avez fui loin de ma vue?

ALAMIR.

Pardonnez, mais Phanor qui veut m'ôter son cœur,
Qui lui jure à ses pieds une éternelle ardeur,
C'est un spectacle qui me tue;
Non, je ne puis le soutenir.

AZURINE.

Je conçois, mon cher fils, combien tu dois souffrir:
Mais revenez tous deux, je crains que votre absence
Ne donne des soupçons au cruel enchanteur.

ALAMIR.

Défiez-vous plutôt de ma présence,
Je n'étois déja plus maître de ma fureur;
Retournez vers Phanor, & que votre prudence,
En m'éloignant de lui prévienne mon malheur;
Laissez-moi dans ces lieux, ou craignez pour ma vie.

AZURINE.

Je vais donc emmener Zélie.

ALAMIR.

Oh! non, ma mere, ou je vous fuis;
Je ne la quitte plus, vous me l'avez donnée.

AZURINE.

Tu me fais trembler, mon cher fils,
Si vous me promettiez d'achever la journée
Sans cesser de vous disputer....

ZÉLIE.

Oh! je vous le promets, vous pouvez nous quitter.

AZURINE.

Hélas !

ZÉLIE.

Fiez-vous à Zélie.

AZURINE.

Allons, je vais retrouver le Génie,
Je vais tâcher, par mes adroits discours,
De lui dérober vos amours,
Et de tenir sa prudence endormie.
Il faut jusqu'à demain éviter son courroux;
Mais dans le péril qui nous presse,
J'attens bien moins de mon adresse,
Que de mon amitié pour vous.

ARIETTE.

Tendre amitié, viens, je t'appelle,
Inspire-moi dans ce dangereux jour ;

C'eſt à toi d'éclairer mon zele ,
Deviens ma compagne fidelle ,
Donne tout l'eſprit de l'amour
A la tendreſſe maternelle.

ALAMIR & ZÉLIE *répetent avec Azurine.*

Donne tout l'eſprit de l'amour,
A la tendreſſe maternelle.

AZURINE.

A peine échappé de nos chaînes ,
Qu'un fils nous coûte de ſoupirs !
Toujours tremblantes , incertaines ,
Hélas ! nos careſſes ſont vaines ;
Nous ignorons tous ſes plaiſirs ,
Et nous ſentons toutes ſes peines.

ALAMIR & ZÉLIE, *tandis qu'Azurine chante ces deux derniers vers.*

Nous ne voulons point de plaiſirs
Qui puiſſent vous coûter des peines.

AZURINE.

Adieu, mes chers enfans, n'oubliez pas tous deux
Que mon ſort dépendra de votre deſtinée:
Une mere eſt toujours la plus infortunée ,
Quand ſes enfans ſont malheureux.

(*Elle ſort*).

SCENE IV.
ALAMIR, ZÉLIE.

(Ils restent quelque tems sans parler ; Alamir dit ensuite
à voix basse & sans regarder Zélie).

ALAMIR.

EN nous quittant, il semble que ma mere
　　Redoute que votre colere
Ne s'appaise bientôt.

ZÉLIE.

　　　　Elle me connaît mal,
　Vos soupçons m'ont trop offensée.
　(Plus tendrement).
Vous qui lisez toujours si bien dans ma pensée,
　Avez-vous pu craindre un rival ?

ALAMIR.

Ecoutez-moi . . . .

ZÉLIE.

　　　Je ne veux rien entendre.

ALAMIR.

Permettez-moi de me défendre.

ZÉLIE.

Vos efforts seroient superflus,
Vous avez douté de Zélie.

ALAMIR.

Mais daignez . . . .

ZÉLIE, *avec humeur.*

Ne me parlez plus ;
L'Oracle le défend, & moi je vous en prie.
(*Il se fait un moment de silence, après quoi Alamir commence le Duo*).

DUO.

ALAMIR.

Quand un Amant n'est point jaloux ;
Il n'aime point d'amour extrême.

ZÉLIE.

Quand un Amant devient jaloux ;
Il n'estime point ce qu'il aime.

ALAMIR.

Comment ?

ZÉLIE.

Eh bien ?

ALAMIR.

Que dites-vous ?

ZÉLIE.

Je ne dis rien.

ALAMIR.

Quand un Amant n'est point jaloux,
Il n'aime point d'amour extrême.

ZÉLIE.

Quand un Amant devient jaloux ,
Il n'estime point ce qu'il aime.

ALAMIR.

C'est une offense bien légere
Que le soupçon d'un tendre Amant.

ZÉLIE.

Sur-tout quand l'Amant fait nous plaire,
Notre courroux ne dure qu'un moment.

ALAMIR.

Est-il passé ?

ZÉLIE.

Mais je le croi.

ALAMIR.

Ah ! tu diras donc comme moi.

ZÉLIE.

Oui, oui, je dirai comme toi.

ENSEMBLE.

Quand un Amant n'est point jaloux,
Il n'aime point d'amour extrême :
On craint toujours de perdre ce qu'on aime,
Quand l'amour fait notre bien le plus doux.

ALAMIR.

Veux-tu me pardonner tout ce que je t'ai dit ?

ZÉLIE.

Tu n'as donc plus de jalousie,
Et la raison vient calmer ton esprit.

ALAMIR.

La raison! hélas ! mon amie,
J'ai bien du malheur avec toi;
Nous disputons toute la vie,
Et jamais la raison ne décide pour moi.

ZÉLIE.

Ton air humble & ta modestie

Seront d'inutiles détours :
Crois-moi, reſtons brouillés.

ALAMIR, *voulant baiſer ſa main.*

Le pourais-tu, Zélie?

ZÉLIE.

Et l'Oracle, Alamir!

ALAMIR, *s'éloignant précipitamment.*

Oh! j'y penſe toujours,
Et ſur-tout à préſent que ma mere eſt ſortie.
Voici l'inſtant de s'obſerver :
C'eſt ſûrement pour m'éprouver
Qu'aujourd'hui tu parois mille fois plus jolie ;
Mais je veux oublier que j'ai reçu ta foi,
Je ne veux plus parler ni m'occuper de toi,
Tu verras ma ſageſſe extrême.

ZÉLIE.

Malgré tes projets, mon ami,
Je crains dans un moment de te revoir le même ;
Tien, va t'aſſeoir là-bas, je vais m'aſſeoir ici,
Nous cauſerons bien mieux.
(*Elle place deux fauteuils aux deux extrémités du*
Théatre).

ALAMIR, *s'aſſeyant.*

C'eſt pouſſer la prudence
Aſſurément bien loin ; mais n'importe, voyons :
Tu n'as qu'à décider ce dont nous parlerons,
Je veux au même point porter l'obéiſſance.

ZÉLIE.

Mais nous pouvons parler de ce que tu voudras,
  Pourvu que tu n'approches pas;
  C'est la seule loi que j'impose:
Si tu m'en crois pourtant, avant la fin du jour,
  Nous ne parlerons pas d'amour.

ALAMIR.

Je le veux bien, soit, parlons d'autre chose.
  (*Il se fait un silence*).
J'écoute au moins.

ZÉLIE.

            Moi, mon ami, j'attens.

ALAMIR.

Mais je ne sais parler que de mes sentimens,
Et tu ne le veux pas.

ZÉLIE.

                Je t'arrête bien vîte;
  Mon cher ami, laissons là ce discours,
Il pourroit finir mal, nous pleurerions ensuite,
    Tâchons d'oublier nos amours.
    Il faut chercher à nous distraire,
Seule avec toi, je crains également
    Et de parler & de me taire,
Je vais chanter; tu m'as dit si souvent
Que c'étoit par ma voix que j'avois su te plaire.
Ecoute-moi.

ALAMIR.

          T'entendrai-je d'ici?

ZÉLIE.

Oh! n'approche pas, mon ami,
Ou je vais retrouver ma mere.

ARIETTE.

Le zéphir amoureux de la rose nouvelle
Ne quitte plus cette charmante fleur ;
Il vole sans cesse autour d'elle,
Tant qu'il modere son ardeur ;
La rose pour lui renouvelle,
Et son éclat & sa fraîcheur.
Mais s'il devient téméraire,
Et que cédant à son transport ;
Il agite la fleur légere,
Il l'effeuille, il cause sa mort.

ALAMIR.

J'entends bien la leçon ; mais je crois, mon amie,
Que nous avons bien mal interprété
L'oracle que ma mere a tantôt rapporté.
» Un seul baiser pris à Zélie,
» Suffit pour faire leur malheur.
J'explique mieux que toi, dans le fond de mon cœur,
Cet oracle que je déteste ;
Un baiser pris à toi nous serait bien funeste,
Mais si tu le donnais, il porterait bonheur.
(*Il s'approche*).

ZÉLIE.

Non, non, ce n'est pas là ce que nous dit Birêne,
Moi je l'entends tout autrement.

ALAMIR.

Mais je voudrais du moins que cette Magicienne
Nous eût parlé plus clairement.
(*Il s'approche*).

ZÉLIE, *à part.*

Moi, je voudrais voir revenir ma mere.

ALAMIR, *toujours approchant.*

Que me dis-tu?

ZÉLIE.

Je dis que tu n'observes guere
Nos conventions & ton serment.

ALAMIR *se recule brusquement.*

Qui l'eût pensé qu'un si doux hyménée
Me causerait tant de tourment !
Je n'ai jamais trouvé si longue la journée.
(*Il se leve*).

ZÉLIE.

Cependant je suis avec toi.

ALAMIR, *très-vivement.*

Non, ce n'est pas être avec moi.
Vous m'assignez loin de vous une place,
Vous défendez jusqu'à la fin du jour
Que j'ose vous parler d'amour :
Eh ! que veux-tu donc que je fasse ?
Cruelle, réponds-moi, l'amour est mon bonheur ;
Il est mon bien, il est ma vie,

Je ne fais rien qu'aimer Zélie ;
Je ne veux rien que posséder son cœur :
Me livrer tout entier à ma brûlante ivresse,
Ne respirer qu'amour, ne sentir que ses feux,
Ne voir que toi, te voir sans cesse,
Et toujours puiser dans tes yeux,
Et mon bonheur & ma tendresse ;
C'est le plus cher, c'est le seul de mes vœux,
Et tu voudrais me l'interdire....
Donne-moi plutôt le trépas.
(*Il se met à ses genoux*).

ZÉLIE, *émue.*

Mon ami... tu vois bien que tu n'es plus là-bas.

ALAMIR.

Quoi ! tu voudrais ôter à mon ame éperdue
Le seul plaisir permis, le bonheur de ta vue ?
Eh que crains-tu ?

ZÉLIE.

Je tremble de frayeur,
Je n'ose respirer l'air que ta bouche enflâme ;
Il porterait jusqu'à mon ame
Tout le feu qui brûle ton cœur.

ALAMIR.

Laisse-moi t'adorer, partage mon délire :
Eh ! n'ai-je pas reçu ta foi ?
Tu m'appartiens, je suis à toi ;
J'ai tant de plaisir à te dire,

Tu m'appartiens, je suis à toi :
Deux Amans, ma chere Zélie,
Qui ne sauraient rien que cela,
Auraient assez de ces mots-là
Pour se parler toute la vie.

FINALE.

DUO.

ZÉLIE.

O mon ami, séparons-nous ;
Près de toi ma peur est extrême.

ALAMIR.

Je suis tremblant à tes genoux,
Que crains-tu de l'époux qui t'aime ?

ZÉLIE.

Je crains ce langage si doux,
Je me crains cent fois plus moi-même.
Ne parlons plus de nos amours.

ALAMIR.

Ah ! je veux t'en parler toujours.

ZÉLIE.

Ton cœur est sûr du mien.

ALAMIR.

Tu sais si je t'adore.

ZÉLIE.

Eh bien, pourquoi le dire encore,
S'il nous suffit de sentir nos amours.

ALAMIR.

A L A M I R.

Pourquoi ne pas le dire encore ;
Si nos cœurs l'entendent toujours?

Z É L I E.

O mon ami , féparons-nous ,
Près de toi ma peur eft extrême.

A L A M I R.

Je fuis tremblant à tes genoux ;
Que crains-tu de l'époux qui t'aime?

Z É L I E, *très-troublée.*

Mon ami....

A L A M I R.

Que dis-tu ?

Z É L I E.

Je ne fais où je fuis....
Près de toi....

A L A M I R.

Près de moi....

Z É L I E.

Je frémis....

A L A M I R.

Tu frémis....

Z É L I E.

Je ne peux te parler.... fans prononcer je t'aime....

A L A M I R.

Ah ! ma Zélie....

(*Il l'embraſſe ; Phanor paroît & faiſit Zélie*).

C

SCENE V.

ALAMIR, ZÉLIE, PHANOR; *suite de Phanor,*
AZURINE.

PHANOR.

Elle n'est plus à toi.

ALAMIR.

O ciel ! Zélie...

ZÉLIE.

Cruel Génie !

PHANOR.

Elle n'est plus à toi.

ZÉLIE.

A lui seul j'ai donné ma foi.

ALAMIR.

Non, non, je ne la quitte pas.

PHANOR.

Crains ma vengeance.

ZÉLIE.

Je veux mourir entre ses bras.

PHANOR.

Vous êtes sous ma puissance.

AZURINE, *à son fils.*

Cédez, cédez à sa puissance,
N'irritez pas sa vengeance.

PHANOR & *ses soldats.*

Redoute un horrible trépas.

ALAMIR & ZÉLIE.

Non, non, je ne te quitte pas,
Pour toujours nous sommes ensemble.

PHANOR & *ses soldats.*

Craignez qu'un horrible trépas
Pour jamais ne vous rassemble.

ALAMIR & ZÉLIE.

Si nous devons mourir ensemble,
Nous te demandons le trépas.

PHANOR.

Non, non, il faut quitter Zélie :
Qu'on l'entraîne.

(*Les soldats de Phanor viennent pour arracher Zélie à son Amant*).

ALAMIR.

Arrêtez... arrachez-moi la vie.

(*Il tombe à genoux devant Phanor*).

Par pitié privez-moi du jour,
Un rival est toujours à craindre;
C'est dans mon sang qu'il faut éteindre
Votre colere & mon amour.
Arrachez-moi ma triste vie,
Je vous le demande à genoux;
M'enviez-vous le sort trop doux
De mourir aux pieds de Zélie.

PHANOR.

Non, tu vivras pour souffrir davantage,
Pour regretter Zélie & ton bonheur.

ALAMIR, *se relevant furieux.*

Eh bien, crains ma fureur,
Crains l'excès de ma rage ;
Je ne te quitte pas,
J'obséderai tes pas,
Je te dirai sans cesse
J'eus toute sa tendresse ;
Elle m'aima jusqu'au trépas,
Elle m'aima jusqu'au trépas....
Je saurai te forcer de m'arracher la vie.

PHANOR.

(*A ses soldats*).

Un mot va me venger... Qu'on enleve Zélie.

(*Les soldats l'arrachent des mains d'Alamir, & l'em-*
portent dans leurs bras).

ZÉLIE.

O ciel !

ALAMIR, *au désespoir.*

Je ne te quitte pas.

AZURINE, *le retenant.*

Mon cher fils, arrêtez.

ALAMIR.

Je veux suivre ses pas.

PHANOR.

Redoute un horrible trépas.

ZÉLIE *de loin.*

Adieu, cher Alamir....

ALAMIR.

Non, je cours au trépas.

(*Il s'échappe des bras de sa mere pour suivre Phanor qui*
a disparu avec Zélie ; Azurine court après son fils).

Fin du second Acte.

ACTE III.

Le Théatre repréfente un défert horrible ; au milieu, fur un roc aride & efcarpé, s'éleve une tour. On entend derriere la fcene le bruit des foldats de Phanor : on les voit bientôt paroître avec Phanor & Zélie.

SCENE PREMIERE.

PHANOR, ZÉLIE ; *fuite de Phanor.*

PHANOR, *à fa fuite.*

Éloignez-vous.

(*A Zélie*).

Écoutez-moi, Zélie :
Vous voici dans des lieux foumis à mon pouvoir ;
Vous devez pour jamais renoncer à l'efpoir
   De vivre dans votre Patrie,
Avec l'indigne objet qui vous tint fous fa loi.
   Vous êtes fous ma dépendance,
Dans l'Univers entier il n'eft point de Puiffance
Qui tentât feulement de vous ravir à moi.
C'eft à vous de juger s'il vous eft néceffaire
   D'appaifer un maître en courroux,
De lui faire oublier l'amour d'un téméraire,
Et l'affront qu'il reçut en foupirant pour vous.
Il eft un feul moyen d'obtenir votre grace ;
Vous pouvez me fléchir.

ZÉLIE.

>Que faut-il que je faffe ?

PHANOR.

Phanor cherche à vous pardonner ;
Il veut finir votre efclavage :
Oui, malgré vos mépris, & malgré votre outrage,
Je fens que vous devez régner
Sur ce cœur qui vous aime encore ;
J'en rougis, mais je vous adore :
Partagez mon amour, approuvez mon ardeur,
Et de ces lieux vous êtes Reine ;
Mes fujets, mon pouvoir, mes États, ma grandeur,
Tout eft à vous ; & de ma Souveraine
Rien ne pourra jamais altérer le bonheur.
Mais fi par un refus, que je crois impoffible,
Vous ofez repouffer mes bienfaits & mon cœur,
Vous voyez cette tour, affreufe, inacceffible,
Cette tour où jamais l'aftre du jour n'a lui,
Elle deviendrait aujourd'hui
Votre redoutable demeure.
Là, fans fecours & fans appui,
Vous déploreriez à toute heure
Votre imprudence & votre amour.
Vous entendez l'arrêt que ma bouche prononce,
Vous choifirez & me rendrez réponfe.

(*Il veut s'en aller, Zélie l'arrête*).

ZÉLIE.

Mon choix eft fait.

PHANOR.

Eh bien ?

ZÉLIE.

Qu'on me mene à la tour.

PHANOR.

Perfide, c'en est trop ; soldats qu'on me délivre
D'un objet odieux qui mérite la mort ;
Pour la punir je veux la laisser vivre ;
Mais que dans cette tour elle acheve son sort.

(*Les soldats enferment Zélie dans la tour*).

ARIETTE.

Devenons impitoyable ;
Que rien n'arrête mes fureurs ;
Méritons la haine implacable
Que je trouve dans tous les cœurs.
Je lui soumettais mon Empire,
J'oubliais mes transports jaloux,
Je lui demandais à genoux
Les loix qu'elle voulait prescrire ;
Un coup-d'œil, un tendre sourire
M'allait rendre facile & doux....
Devenons impitoyable,
Que rien n'arrête mes fureurs ;
Méritons la haine implacable
Que je trouve dans tous les cœurs.

(*Il sort avec toute sa suite*).

SCENE II.

BIRÊNE, AZURINE, ALAMIR.

AZURINE.

Ou nous conduisez-vous, Birêne ?
Vous qui sensible à notre peine
Voulez changer notre sort malheureux.

ALAMIR.

Où sommes-nous ?

BIRÊNE.

Rassurez-vous tous deux :
Nous ne sommes pas loin du séjour de Zélie.

ALAMIR.

Pourrai-je la revoir ?

BIRÊNE.

Mon cher fils, le Génie
Regne dans ce pays affreux ;
Un mot perdrait vous & votre Maîtresse.
Peut-être pourrons-nous l'arracher de ses mains,
A force de soins & d'adresse ;
Mais du secret dépendent mes desseins.
Soyez docile & laissez-vous conduire.
Je ne veux point ici vous dire
Que vos chagrins & vos malheurs
Ne sont venus que par votre imprudence :
Je pardonne à l'amour, je connais sa puissance,

Et je sais que votre âge est le tems des erreurs,
   Comme le mien celui de l'indulgence.
     Ici mon art ferait un vain effort ;
Je ne peux réussir qu'en abusant Phanor.
     J'ai des droits à sa confiance :
C'est moi qui lui montrai cet art si dangereux
   De commander à la Nature entiere ;
Et le cruel emploie au malheur de la terre,
L'art que je lui donnai pour faire des heureux !
Cela seul me rendrait sa secrette ennemie ;
Je cherche à me venger en vous rendant Zélie,
Et je satisferai votre cœur & le mien,
En trouvant à la fois la douceur infinie
   De punir un ingrat & de faire du bien.

A L A M I R.

   Je vous devrai plus que la vie.

B I R È N E, *lui montrant la tour.*

Regardez & voyez la prison de Zélie.

A L A M I R.

Que dites-vous ?

B I R È N E.

    C'est-là que le cruel Phanor...

A L A M I R, *courant vers la tour.*

  Non, je ne puis contenir mon transport ;
  Je veux la voir, je veux du moins l'entendre,
Lui parler...

B I R È N E.

  Mon cher fils, qu'osez-vous entreprendre ?

ALAMIR, *s'échappant des bras de Birêne & de sa mere,*
pour courir vers la tour.

Rien ne peut m'arrêter, je sais braver la mort.

T R I O.

A L A M I R.

Zélie !

A Z U R I N E & B I R Ê N E.

O mon fils, calme tes sens.

A L A M I R.

O ma chere Zélie !

A Z U R I N E.

Veux-tu redoubler les tourmens
De ta mere chérie ?

A L A M I R.

Entends tu mes tristes accens ?
Réponds-moi, ma chere Zélie ;
C'est Alamir qui te supplie
De l'instruire au moins de ton sort ;
Il ne veut que te voir encor,
Te revoir & perdre la vie.

B I R Ê N E.

Mon cher enfant, oui, ta Zélie
Te chérira jusqu'à la mort.

A L A M I R.

Zélie ! Zélie !

A Z U R I N E & B I R Ê N E.

Retiens tes pleurs, retiens tes cris,
Ils exposent ta vie.

ALAMIR.

Zélie! hélas! tu n'entends pas mes cris.
Tour fatale, demeure affreuse,
Qui cachez l'objet de mes vœux,
Je vous mesure envain des yeux ;
Tombez, croulez, tour ténébreuse,
Écrasez-moi sous vos débris.

AZURINE.

Ta mere malheureuse
Implore envain son fils.

ALAMIR.

Que mon Amante soit heureuse,
Et que mon sang en soit le prix.

BIRÊNE & AZURINE.

Ta mere malheureuse
Te dit de lui sauver son fils.

BIRÊNE.

Jeune imprudent, écoute-moi :
Veux-tu perdre à la fois & Zélie & ta mere ?
Veux-tu les voir mourir pour toi ?
Si de Phanor tu braves la colere,
Tremble du moins pour ceux que tu chéris ;
Seconde mieux les projets de Birêne.
Pour te rendre l'objet dont ton cœur est épris,
Dans ces lieux ma science est vaine.
Sais-tu quel talisman s'oppose à mon effort ?
Tant que de cette tour je n'aurai point l'entrée,
Je ne peux rien contre Phanor ;
Mais ta Zélie est délivrée,
Si je pénetre un moment dans la tour.

ALAMIR.

Ah ! ne l'espérez point ; éveillé par l'amour,
Phanor garde trop bien l'objet de sa tendresse.
Moins il en est aimé , plus son œil vigilant ,
   Sur son trésor doit être ouvert sans cesse ;
Un Amant malheureux n'est jamais imprudent.

BIRÈNE.

J'espere cependant confondre sa prudence.
Je te l'ai dit , l'ingrat a reçu mes bienfaits ,
   Et ne sait pas à quel point je le hais :
Mes discours obtiendront bientôt sa confiance.
     Pour mieux confirmer son erreur ,
Je parlerai de toi comme ton ennemie ;
En un mot , je dirai pour délivrer Zélie,
Tout ce qu'à mon esprit pourra dicter mon cœur.
Mais dans ces lieux Phanor peut nous surprendre :
   Retirez-vous , sans trop vous écarter ;
Et malgré les discours que vous pourrez entendre ,
   Rien ne doit vous inquiéter.

AZURINE.

Je ne vous parle pas de la reconnoissance
   Que nous devons à vos soins généreux.

BIRÈNE.

Vous ne m'en devez point ; je contente mes vœux,
Le plaisir d'un bienfait en est la récompense.

❃

SCENE III.

BIRÊNE, *seule.*

AMOUR, toi qui formas un si tendre lien,
Tu dois seconder mon adresse :
Je veux de deux époux couronner la tendresse ;
Amour, tu dois m'aider à te rendre ton bien.
Voici Phanor.

SCENE IV

PHANOR, BIRÊNE.

PHANOR.

EST-CE donc vous, Birêne ?
Mes yeux ne me trompent-ils pas ?

BIRÊNE.

L'ardeur de vous servir conduit ici mes pas.
Je n'ai point regret à ma peine,
Si vous me revoyez avec quelque plaisir ;
Si vous daignez sur-tout vous souvenir
Que j'instruisis votre jeunesse
A commander aux élémens :
Vous l'avez oublié, Seigneur, depuis long-tems :
Un des malheurs de la vieillesse,
C'est de voir les amis fuir avec les beaux ans.

PHANOR.

Vous m'outragez : ah ! gardez-vous de croire
Que vos bienfaits & ce que je vous dois
Sortent jamais de ma mémoire.

BIRÈNE.

Je le desire & je le crois :
Mon amitié du moins ne s'est pas affaiblie ;
J'ai su que la belle Zélie
Vous dédaignait pour un autre vainqueur ;
Et je viens vous offrir, Seigneur,
De réunir mon art avec votre science,
Pour ramener cet insensible cœur
A reconnaître enfin votre puissance.

PHANOR.

Il est vrai, j'aime, & l'objet de mes feux
A méprisé mes soupirs & mes vœux.
Mais j'en saurai tirer vengeance;
Zélie est prisonniere en cette horrible tour :
Elle ne reverra le jour,
Qu'en réparant par son obéissance
L'outrage fait à mon amour.

BIRÈNE.

Pensez-vous que la violence
Soit un moyen de la fléchir ?
Non, non, Seigneur, en vous faisant haïr,
Vous prolongez sa résistance :
Envain vous la faites souffrir,

L'Amour foutiendra fon courage ;
Elle chérira davantage
L'Amant que l'on veut lui ravir.
Tous vos efforts tournent contre vous-même ;
Vous avez beau défendre au jour
De pénétrer dans cette obfcure tour,
L'objet de fon amour extrême
N'en eft pas moins devant fes yeux :
Le cœur n'a pas befoin de la clarté des cieux,
Pour voir toujours celui qu'il aime.

PHANOR.

Mais je fuis fûr du moins qu'aux yeux de fon Amant
Pour jamais j'ai fu la fouftraire.

BIRÉNE.

Je le crois ; cependant l'Amour eft téméraire,
Et vous devez trembler à chaque inft. .r.

DUO.

BIRÉNE.

Je fuis vieille & je fuis femme ;
Croyez que le tems nous inftruit.

PHANOR.

Je fuis jaloux , & l'ardeur qui m'enflamme,
Jointe à mon pouvoir me fuffit.

BIRÉNE.

De l'amour j'ai connu la flamme,
Je fais combien elle donne d'efprit.

PHANOR.

Vous savez que par ma puissance,
Je regne sur les élémens,
L'enfer obéit en silence
A mes moindres commandemens.

BIRÊNE.

Je partage votre puissance,
Je regne sur les élémens ;
L'enfer obéit en silence
A mes moindres commandemens.

PHANOR.

Tout est soumis à mon empire.

BIRÊNE.

Tout est soumis à notre empire.
Eh bien....

PHANOR.

Eh bien ?

BIRÊNE.

     Deux enfans amoureux ,
Pour peu que l'Amour les inspire,
Sont plus habiles que nous deux.

PHANOR.

Non , non , deux enfans amoureux
Ne renversent point un Empire.

BIRÊNE.

Oui , oui , deux enfans amoureux
Sont plus habil., que nous deux.

PHANOR.

Je dois tout confier à votre zele extrême :
Apprenez un secret qui doit vous rassurer :

Nul

Nul mortel dans la tour ne peut jamais entrer,
S'il n'eft introduit par moi-même.

BIRÈNE.

Eh quoi! vous feul pouvez ouvrir...

PHANOR.

Moi feul, je ne crains rien.

BIRÈNE.

Et vous devez frémir.

PHANOR.

Comment?

BIRÈNE.

En arrivant dans ces lieux tout-à-l'heure,
J'ai découvert un jeune homme bien fait,
Qui mefurait, d'un coup-d'œil inquiet,
La hauteur de cette demeure.

PHANOR.

De cette tour?

BIRÈNE.

Oui, Seigneur, je l'ai vu,
Il tenait dans fes mains une fleche brillante,
Et fon arc à fes pieds était déja tendu;
Sa marche paraiffait incertaine & tremblante;
Il évitait d'être apperçu,
Et des pleurs baignaient fa paupiere.
Enfin fe croyant feul, il tire de fon fein
Un billet qu'il attache à fa fleche légere;
Il couvre de baifers cette lettre fi chere,
Puis il reprend fon arc, & d'une adroite main

D

Il y pose ce trait , sa derniere espérance ;
Leve les yeux , & vise au plus haut de la tour,
    Pour y lancer la lettre de l'Amour.
La fleche allait voler... j'ai paru ; ma présence
        A fait fuir le timide Amant ;
        Et le malheureux en fuyant,
        A laissé tomber cette lettre.

PHANOR.

Et vous l'avez ?

BIRÊNE.

            Je vais vous la remettre.
Lisez, Seigneur.   (*Elle lui donne une lettre*).

PHANOR *lit.*

        « O ma chere Zélie !
    » Sois fidelle à ton Alamir ;
» J'ai trouvé des amis qui bravent le Génie ;
    » Je cours te venger ou mourir ».

BIRÊNE.

Ce billet seul eût empêché Zélie
    D'écouter jamais votre amour.
Pour ne rien hasarder , faites garder la tour :
C'est sans doute Alamir , dont la main ennemie
    Portait ici ce billet odieux ;
Il ne peut pas encor être loin de ces lieux :
    Courez, volez à sa poursuite,
Devenez de ses jours l'arbitre souverain,
    Et vous aurez alors un ôtage certain,
Qui répond des projets que votre cœur médite.

PHANOR.

Ciel! les momens font chers... J'embraffe votre avis;
Mais vous feule pouvez affurer ma vengeance,
Tandis que je pourfuis le rival qui m'offenfe,
Veillez dans cette tour contre mes ennemis.
  Puis-je efpérer de l'amitié fidelle
  Qui nous unit, ce fervice important?

BIRÈNE.

Ouvrez-là moi, Seigneur, & comptez fur mon zele.

PHANOR, *allant ouvrir la tour.*

Que ne vous dois-je pas?

BIRÈNE.

                Nous n'avons qu'un inftant;
Hâtez-vous. (*La porte s'ouvre*). Il fuffit; le refte eft
  mon ouvrage.

PHANOR.

                Je vais raffembler mes foldats;
Je me mets à leur tête & je cours fur les pas
  Du téméraire qui m'outrage.

BIRÉNE.

Voilà le chemin qu'il a pris.

(*Elle lui montre le côté oppofé à celui où font Alamir*
  & Azurine).

SCENE V.

BIRÊNE, AZURINE, ALAMIR.

BIRÊNE.

Accourez, Azurine, accourez, mon cher fils,
J'ai trompé le cruel Génie.

AZURINE.

O ciel ! que dites-vous ? Eh quoi....

BIRÊNE.

Viens avec moi délivrer ta Zélie.

ALAMIR.

Eh ! quel bonheur....

BIRÊNE.

Tu sauras tout , suis-moi.

(*Ils entrent tous trois dans la tour ; aussi-tôt l'on entend
derriere la scene les soldats de Phanor , qui paroissent
avec lui & remplissent le Théatre*).

SCENE VI.

PHANOR, SOLDATS.

Chœur de Soldats.

Vengeance, vengeance,
Point de clémence;
Que le traître expire à vos yeux.

PHANOR.

Cherchez l'ennemi qui m'offense,
Parcourez ces déserts affreux.

SOLDATS.

Parcourons ces déserts affreux,
Tremble, tremble, malheureux,
Tu n'échapperas pas à notre vigilance,
Vengeance, vengeance;
Que le traître expire à vos yeux.

(*Le tonnerre gronde, la foudre tombe sur la tour, qui s'écroule. Birène, au milieu des éclairs, paraît debout sur les ruines de la tour*).

SCENE VII.

PHANOR, BIRÊNE, Soldats.

BIRÊNE.

PHANOR, je t'ai vaincu dans ta propre fcience ;
  Toi-même as remis dans mes mains
  Le talifman de tes deftins ;
Je l'ai brifé, j'ai fauvé l'innocence.

PHANOR.

Tu me braves, perfide, après m'avoir trahi:
  Mais redoute encor ma colere ;
Je te voue à jamais une immortelle guerre ;
Tu trouveras en moi par-tout un ennemi.
C'eft envain que je perds mon pouvoir, mon Empire ;
Pour me venger de toi, ma rage doit fuffire ;
Quel que foit le bonheur qui t'accompagne ici,
  Tremble tant que Phanor refpire.

(*Il fort avec toute fa fuite*).

BIRÊNE.

Va, je redoute peu ta colere inutile ;
Je défends les époux dont tu fis le malheur :
  Je vais pour eux enchanter cet afyle,
Et les mettre à l'abri de ta vaine fureur.

(*Birêne, d'un coup de baguette, change ce défert horrible en un bocage délicieux. Tous les arbres font des
  palmiers qui fe tiennent par des guirlandes de fleurs,
  & conduifent à un kiofte charmant, fous lequel Azu-*)

rine, Alamir & Zélie font fur un trône fuperbe, entou-
rés de toute la Cour d'Azurine. Dès qu'ils apperçoivent
Birêne, ils courent à elle, & la mufique commence).

SCENE DERNIERE.

AZURINE, BIRÊNE, ZÉLIE, ALAMIR;
fuite d'Azurine.

FINALE.

(*Tout le monde chante à Birêne*).

Vous avez fauvé deux Amans,
Leur cœur eft votre récompenfe ;
Souffrez que leur reconnaiffance
Éclate dans ces doux momens.

BIRÊNE.

C'eft moi qui vous dois, mes enfans,
En couronnant votre conftance,
Je crois retrouver mon printems ;
Faire du bien dans fes vieux ans,
C'eft prolonger fon exiftence.

(*L'on danfe, & les deux Amans conduifent Birêne vers
le trône où ils la font affeoir ; la toile tombe*).

FIN.

ERRATA.

Hymne à l'Amour, page 13. Sous sa plus belle richesse, lisez Tout.

Lue & approuvée. À Paris, le 7 Octobre 1782.

SUARD.

Vu l'Approbation, permis d'imprimer. À Paris, ce 7 Octobre 1782.

LE NOIR.

De l'Imprimerie de VALADE, rue des Noyers.

www.ingramcontent.com/pod-product-compliance
Lightning Source LLC
LaVergne TN
LVHW022149080426
835511LV00008B/1344